PANTHÉON

ICONOGRAPHIQUE UNIVERSEL.

On peut souscrire au PANTHÉON ICONOGRAPHIQUE UNIVERSEL
par livraison de 4 portraits, à 50 cent. la livraison.

EN SOUSCRIPTION POUR PARAITRE EN 1843 :

PANTHÉON ICONOGRAPHIQUE

ET BIOGRAPHIQUE UNIVERSEL

QUI SERA COMPOSÉ DE 500 PORTRAITS, COMPRIS LES 88 DÉJA PARUS.

Cet Ouvrage paraîtra par livraison de deux planches gravées sur acier d'après les meilleurs originaux et par les premiers artistes de Paris, et accompagnées de la Biographie Anecdotique de chaque personnage, sous la direction de M***, de l'Académie Française.

PRIX :

TEXTE ET GRAVURES, VELIN, FORMAT IN-8, **40** CENT. LA LIVRAISON.
ET TEXTE SEUL, **20** CENT.

PANTHÉON

ICONOGRAPHIQUE UNIVERSEL,

Collection

DE 88 PORTRAITS

D'ILLUSTRES PERSONNAGES FRANÇAIS ET ÉTRANGERS

Depuis le 15ᵉ Siècle jusqu'à nos Jours.

La gloire agrandit la vie.
(*Max. lat.*)

PARIS,

CHEZ F.-M. MAURICE, LIBRAIRE-ÉDITEUR,

Rue Sainte-Hyacinte-Saint-Michel, 8.

—

1843.

PARIS. — IMP. DE P. BAUDOUIN, RUE DEL BOUCHERIES-ST-GERM., 38.

BAILLY

BARRAS

Paul, François, Jean Nicolas

député à la Convention Nationale

BEAUHARNAIS

(Eugène)

BERNARDIN DE ST PIERRE

THÉRY-BURGER
Avocat & Député

Gravé par A. Lefèvre

BERTRAND

Général Comte

Henry - Gratien

BOIELDIEU

Compositeur de Musique,
Membre de l'Institut

J. B. BOSSUET
Évêque de Meaux
Né à Dijon en 1627, Mort à Paris en 1704
Gravé par Mlle E. Dechamsaul

BOUFFLERS.

BRISSOT DE WARVILLE
(Jean Pierre)
Député à la Convention Nationale
né en 1754 décapité en 1793.

F.J.V. BROUSSAIS

Prof.ᵉ à la Faculté de Médecine de Paris.
Gravé par Bertonnier

BYRON

J. CALLOT.
Célèbre Graveur,
Né à Nancy en 1593,
Mort à Florence en 1635.

CHAPTAL
Jean-Antoine
Comte de Chanteloup

CHATEAUBRIAND

Gravé par A. Lefin

CONDORCET,

Membre de la Convention, né en 1743,

mort en 1794.

CROMWELL
(Olivier)
Né à Huntingdon en 1599
Mort en 1658

CASIMIR DELAVIGNE.

DESCARTES

(René)

Né à la Haye en Touraine en 1596
Mort à Stockholm en 1650

Professeur à la Faculté de Médecine de Paris

président de la Chambre des Députés

DUPUYTREN

(Le Baron) Membre de l'Institut,
Chirurgien en Chef de l'Hôtel-Dieu.

LE GÉNÉRAL FOY

FRANKLIN

Benjamin

Né à Boston en 1706.

Mort en 1790.

F. J. GALL
le Docteur
Mort à Paris le 22 Août 1828

GOURGAUD
(Gaspard)
(Général)

GRÉGOIRE
(Henry, le Comte)
Né à Vého près Lunéville en 1750.
Mort à Paris le 24. Mai, 1831.

GUILLAUME TELL.

Libérateur de la Suisse.

Mort en 1354.

HOLBEIN

(Jean)

Peintre célèbre, né à Bâle en 1495,
mort à Londres en 1554.

HUMBOLDT
Le Baron Frédéric Henry Alexandre de
Associé Étranger de l'Institut de France

J. B. KLÉBER

LE GÉNÉRAL LAFAYETTE

PÉROUSE

Jean François Galaup de la,
célèbre Navigateur Français
Né à Albi en 1741. Mort vers 1788.

LA PLACE

Pierre Simon, Marquis de

Membre de l'Institut

L'ABBÉ LAMENNAIS.

A. DE LAMARTINE,

Gravé par Pollet.

LAS CASES

Comte de

Auguste-Dieudonné-Emmanuel

LANNES

MACHIAVEL
(Nicolas)
Célèbre Écrivain florentin, né en 1469,
Mort en 1527.

MARIE STUART

Reine d'Écosse

Née en 1542 Décapitée le 8 février 158-.

MARQUISE D'AUBIGNÉ

MAURY

(Jean-Siffrein, l'Abbé)

Député aux États généraux

MILTON

(Jean)

Illustre Poète Anglais,

Né à Londres en 1608. Mort en 1674.

MIRABEAU

(Honoré Gabriel Riquetti Comte de)

Né en 1749. Mort en 1791.

Gravé par A. Lefèvre.

MOLIÈRE

(Jean Baptiste Poquelin de)

Né en 1620. — Mort en 1673.

Gravé par Giraud.

MONTAIGNE

(Michel de)

Né en 1533 - Mort en 1592

MOREAU

(Jean Victor le Général)

Né à Morlaix en 1763, Mort en 1813

MONTESQUIOU FÉZENSAC

(le Marquis de)

Commandant les Armées de la République Française en Savoie.

Mort en 1798.

NAPOLÉON

Gravé par A. Lefèvre.

NAPOLÉON

(François, Charles, Joseph)
Duc de Reichstadt

NEY
(Michel)
Maréchal de France.

NINON DE LENCLOS.

Membre de la Société de Médecine de Paris

PARÉ

Ambroise ?

Chirurgien et Conseiller du Roi Charles IX

Né à Laval, Mort à Paris en 1590

CASIMIR PERRIER.

PICHEGRU
(Charles)
Général en Chef de l'Armée du Rhin,
Né en 1761, mort en 1803

POUSSIN

RACINE

(Jean)

Né à la Ferté-Milon en 1639.

Mort en 1699.

RAPHAEL
(Sanzio)

Peintre, né à Urbin en 1483,
mort en 1520.

ROSSINI.

J. J. ROUSSEAU.

né en 1712, mort en 1778.

RUBENS

(Pierre Paul)

Né à Siegen en 1577, Mort en 1640.

SÉVIGNÉ

(Marie de Rabutin-Chantal, Marquise de)

Née en 1627 — Morte en 1696

STANISLAS LECZINSKI

Roi de Pologne, Duc de Lorraine et de Bar

Né en 1677. Mort en 1766.

AUGEREAU.

Maréchal de France.

Mme MALIBRAN

TALLEYRAND

TALMA
(François Joseph)
Célèbre Tragédien français né à Paris en 1760
Mort le 19 8bre 1826

VOLTAIRE
(François, Marie, Arouet, de)

Né à Chatenay le 20 Février 1694
Mort à Paris le 30 Mai 1778

WASHINGTON
George
né à Washington le 11 février 1732.
mort le 14 Décembre 1799

TABLE ALPHABÉTIQUE

DU

PANTHÉON ICONOGRAPHIQUE UNIVERSEL.

BAILLY, maire de Paris.

BARRAS, conventionnel.

BEAUHARNAIS (Eugène de), vice-roi d'Italie.

BERNARDIN-DE-SAINT-PIERRE, écrivain français.

BERRYER, fils, député.

BERANGER, chansonnier.

BERTRAND, général français.

BOIELDIEU, compositeur lyrique.

BOSSUET, évêque de Meaux.

BOUFFLERS, poète français.

BRISSOT DE WARVILLE, conventionnel.

BROUSSAIS, médecin français.

BYRON (lord), poète anglais.

CALLOT, dessinateur et graveur français.

CHAPTAL, chimiste français.

CHATEAUBRIANT (de), écrivain français.

CONDORCET, philosophe français.

CORNEILLE (P.), poète dramatique français.

COURRIER (Paul-Louis), publiciste français.

CROMWELL, protecteur d'Angleterre.

DELAVIGNE (Casimir), poète, membre de l'Acad. franç.

DESCARTES (René), mathématicien et métaphisic. franç.

DUBOIS, chirurgien français.

DESMOULIN (Camille) , membre de la Constituante.

DUPIN aîné , jurisconsulte et député.

DUPUYTREN , chirurgien français.

FOY, général français.

FOURCROY , chimiste français.

FRANCKLIN , législateur américain.

GALL , docteur.

GOURGAULT, général francais.

GRÉGOIRE (l'abbé), évêque de Meaux.

GUILLAUME-TELL , libérateur de la Suisse.

HEROLD , compositeur lyrique français.

HOLBEIN , peintre français.

HOCHE , général français.

HUGO (Victor), poète, membre de l'Académie frauçaise.

HUMBOLD , voyageur allemand.

KLÉBER , général français.

LAFAYETTE (de), général français.

LAFFITTE, député.

LAPEYROUSE , navigateur français.

LAPLACE, géomètre astronome français.

LAMENNAIS (l'abbé de), écrivain théologique.

LAMARTINE (de), poète, membre de l'Académie frauçaise.

LAS·CASES, auteur du Mémorial de Sainte-Hélène.

LANNES, maréchal de l'empire.

MACHIAVEL , écrivain politique italien.

MARIE-STUARD , reine d'Écosse.

MAINTENON (mademoiselle de).

MAURY (l'abbé), cardinal , orateur français.

MARS (mademoiselle), artiste du Théâtre-Français.

MASSÉNA , maréchal de l'empire.

MILTON.

MIRABEAU , orateur français.

MOLIÈRE , poète dramatique.

MONTAIGNE , philosophe français.

MOREAU , général français.

MONTESQUIOU-FESENZAC , général français.

NAPOLÉON , empereur des Français.

NAPOLÉON , duc de Reichstadt.

NEY , maréchal de l'empire.

NINON DE LENCLOS.

ORFILA , chimiste, membre de l'Institut.

PARÉ (Ambroise), anatomiste français.

PÉRIER (Casimir) , député.

PICHEGRU , général français.

POUSSIN (le), peintre français.

PRIEUR , de la Côte-d'Or.

RACINE (L.), poète dramatique français.

RAPHAEL , peintre italien.

ROSSINI , compositeur lyrique italien.

ROUSSEAU (J.-J.), écrivain français.

RUBENS , peintre flamand.

SABATIER , chirurgien français.

SCHILLER , auteur allemand.

SÉVIGNÈ (madame de).

STANISLAS , roi de Pologne.

SUCHET , maréchal de l'empire.

TAGLIONI (mademoiselle) , artiste de l'Opéra.

TALLEYRAND , ministre et ambassadeur.

TALMA , artiste dramatique.

TITIEN (le), peintre italien.

TOURNEUR , mathématicien français.

VAN-DICK , peintre flamand.

VOLTAIRE à 30 ans ⎫
                    ⎬ poète et écrivain français.
VOLTAIRE à 70   ⎭

WASINGTON , général américain.

——— ◄◄◦◦◦►► ———